CW01666065

Sensibilización medioambiental

Conceptos básicos y problemas globales

ideaspropias
EDITORIAL

Ficha de catalogación bibliográfica

Sensibilización medioambiental. Conceptos básicos y problemas globales • 1ª Edición

IdeasPropias, Editorial. Vigo, 2004

ISBN: 84-96256-63-4

Formato: 17 x 24 cm. • Páginas: 48

SENSIBILIZACIÓN MEDIOAMBIENTAL. CONCEPTOS BÁSICOS Y PROBLEMAS GLOBALES

No está permitida la reproducción total o parcial de este libro, ni su tratamiento informático, ni la transmisión de ninguna forma o por cualquier medio, ya sea electrónico, mecánico, por fotocopia, por registro u otros métodos, sin el permiso previo y por escrito de los titulares del Copyright.

DERECHOS RESERVADOS 2004, respecto a la primera edición en español, por © IdeasPropias Editorial.

ISBN: 84-96256-63-4
Deposito Legal: C-169-2004
Autores: Pilar Luaces Méndez e Ideaspropias
Diseño: IdeasPropias Publicidad, S.L.
Coordinación Editorial: NetBiblo, S.L.
Ilustraciones Portada: Alia
Maquetación: Opción Gráfica Coruña
Impreso en: JosmanPress
Impreso en España - Printed in Spain.

ÍNDICE

Sensibilización medioambiental

1 Introducción al concepto de Medio Ambiente

1.1. Conceptos básicos

Para entender la relevancia de un comportamiento respetuoso y sensible hacia el medio ambiente, es necesario comprender previamente muchos de los conceptos que habitualmente se relacionan con la Ecología, las Ciencias Ambientales y la Política Medioambiental.

1.1.1. Medio Ambiente

El Medio Ambiente es el ámbito físico de diversas acciones humanas. Dentro de esta definición extensiva podrían incluirse elementos puramente biológicos, como el agua, el aire, el suelo, la flora y la fauna; y otros de carácter más antropológico, pero no por ello menos importantes, como los elementos urbanísticos.

1.1.2. Ecosistema

Conjunto formado por diferentes elementos bióticos (plantas y animales) y abióticos (factores ambientales) que interactúan modificándose continuamente.

1.1.3. Ecología

Es la ciencia que estudia las relaciones que ocurren entre los diferentes seres vivos y los lugares en los que se desarrolla su vida.

1.1.4. Flora

Es el conjunto de plantas características de un país o una región.

1.1.5. Fauna

Es el conjunto de animales característicos de un país o región.

1.1.6. El hombre y el medio ambiente

El hombre, como el resto de los seres vivos, forma parte de la Naturaleza; por tanto, está en estrecha relación con el medio ambiente, influyendo directamente sobre él.

Es muy importante tomar conciencia de la importancia de respetar el medio que nos rodea, ya que es lugar que habitamos y si lo dañamos seremos nosotros, junto a los demás seres vivos que pueblan el planeta, quienes suframos las consecuencias.

1.1.7. Emisión

Contaminación del aire mediante la expulsión a la atmósfera de partículas extrañas a la misma, en un área o un periodo determinado, de tal forma que incumple cierto objetivo de calidad del aire o incumple un límite de emisión fijado bajo la suposición científica de que tales niveles de emisión son dañinos para la salud o el medio ambiente.

1.1.8. RSU

Residuo sólido urbano, como por ejemplo el papel, el vidrio, la madera, los cartones, etc.

1.1.9. RTP

Residuo tóxico y/o peligroso, caracterizado por sus especiales riesgos para la salud y sus efectos nocivos y de difícil reparación sobre el medio ambiente. Son RTP's los que resultan del uso de aceites, pinturas y de cualquier sustancia que contenga metales pesados, entre otros.

1.1.10. Agua residual

Agua proveniente de la red de sumideros (sistema de colectores) que ha sido utilizada en industrias, hogares, comercios o explotaciones agrícolas, y que contiene materiales disueltos o en suspensión.

1.1.11. Principio del Contaminador-Pagador

Principio inspirador de la legislación medioambiental, según el cual cualquier sujeto que produzca contaminación en cualquier medio natural debe pagar para resarcir el daño que está causando al estado del medio ambiente, aún cuando éste no suponga un peligro para el mantenimiento de su equilibrio o de la salud humana.

1.1.12. Principio de Prevención de la contaminación

La prevención de la contaminación implica la utilización de procesos, prácticas, materiales y productos que evitan, reducen o controlan el nivel de contaminación, antes de que ésta sea expulsada al medio. Se basa esencialmente en la utilización de la mejor tecnología disponible (principio "BAT", *best available technologies*).

1.1.13. Delito ecológico

Son constitutivas de delito ecológico aquellas actuaciones que, en contradicción con la legislación protectora del medio ambiente, provoquen o realicen, directa o indirectamente, vertidos o emisiones a cualquier medio natural (aire, aguas marítimas o terrestres), poniendo en peligro la vida de las personas o el equilibrio del medio natural; o bien aquellas que puedan originar un riesgo de deterioro irreversible o catastrófico.

1.2. Protección Medioambiental, Derecho Medioambiental y Desarrollo Sostenible

La necesidad de proteger el medio ambiente nace de la necesidad de regular las relaciones de los seres humanos con su entorno y entre sí mismos. El medio ambiente ha de ser protegido, porque es necesario asegurar ciertas condiciones que impidan la sobreexplotación de algunos recursos, como el agua o ciertas materias primas, en pos del crecimiento económico. Sin embargo, esta necesidad no se detectó hasta finales de los años 60.

La supuesta tensión entre crecimiento económico y protección del medio ambiente se resuelve a través de la conocida idea del **desarrollo sostenible**.

La idea de desarrollo sostenible se consolidó mediante la publicación del Informe Brutland, también conocido como "Nuestro Futuro Común" (Comisión Mundial para el Desarrollo Sostenible, Naciones Unidas 1987).

El **desarrollo** económico sólo es **sostenible** si aseguramos que el uso de ciertos recursos comunes esté protegido, de forma que se garantice su auto-regeneración o reproducción. Así, sólo podremos usar el agua en la medida en que no la agotemos o hagamos inservible debido a la contaminación; o sólo podremos usar la madera en la medida en que no destruyamos los bosques hasta el punto de deforestarlos.

De esta necesidad ha surgido la protección jurídica del medio ambiente. El **Derecho Medioambiental** es el conjunto de principios y leyes que definen las obligaciones jurídicas de ciudadanos y empresas ante el medio ambiente.

2 La contaminación y el deterioro de los recursos naturales

El medio ambiente actúa como fuente de recursos y como soporte de la vida, pero también como sumidero de residuos; es decir, como el lugar donde depositar los restos inservibles de todas las actividades del hombre, domésticas e industriales.

Debido al ritmo al que el hombre vierte o acumula sustancias no aprovechables en la Naturaleza, se puede poner en peligro el delicado equilibrio de los ecosistemas. Se habla de **contaminación** cuando las sustancias ajenas que el hombre deposita en un medio natural pueden poner en peligro la salud humana, el ecosistema y los recursos naturales.

2.1. La contaminación atmosférica

La **contaminación atmosférica** implica la presencia en el aire de formas de materias o formas de energía que impliquen un riesgo, daño o molestia grave para las personas, bienes y elementos de la Naturaleza de cualquier clase, tal y como establece el artículo 1.2. de la *Ley 38/1972 de Protección del Medio Ambiente Atmosférico*.

La atmósfera es el medio natural en el que se hacen más evidentes los problemas medioambientales, puesto que diariamente es vertida a la misma una importante cantidad de gases, susceptibles de poner en peligro la salud humana y el equilibrio y supervivencia de otras especies. Veremos a continuación algunos de los problemas más importantes con relación a la contaminación del aire.

2.1.1. El efecto invernadero

Buena parte de la energía solar que llega a la Tierra es absorbida por el suelo, que a su vez emite calor hacia el exterior. Este efecto, que permite que nuestro planeta se mantenga a una temperatura media de 15ºC, se convierte en pernicioso si, en su viaje hacia la atmósfera, ciertos gases impiden la salida del "calor sobrante", provocando el llamado "efecto invernadero": una acumulación de calor que implica el incremento de la temperatura media de la Tierra y un eventual cambio climático.

Los gases causantes de esta barrera en la atmósfera son el dióxido de carbono (CO_2), cuyo origen proviene fundamentalmente de la combustión de los hidrocarburos, las centrales térmicas y de las calefacciones; el metano (CH_4), procedente de la agricultura de regadío y los vertederos de basura, y los clorofluorocarbonos (CFC), los gases usados en aerosoles, climatizadores o refrigeradores.

Podemos ofrecer algunas cifras del efecto de nuestras actividades diarias en el efecto invernadero:

- El 20% de las emisiones de CO_2 son causadas por el tráfico rodado.
- Entre el 30 y el 50% de consumo energético de un local comercial se destina a climatización, y entre el 20 y el 30% se destina al funcionamiento de equipos informáticos, luces, etc. Este gasto será más contaminante cuando la electricidad provenga de las grandes centrales térmicas de combustibles convencionales, o cuando los sistemas de climatización estén basados en el uso de tales combustibles, como es el caso del gasoil. El gasoil destinado a climatización, por su parte, es el responsable de la emisión de 1.000 millones de toneladas de CO_2 anuales.

Las consecuencias del efecto invernadero son, entre otras, el aumento del nivel del mar, como consecuencia de la regresión de los glaciares, la desertización y extinción de ciertos hábitats, y el aumento en cantidad e intensidad de fenómenos naturales extremos, tales como las sequías, inundaciones o ciclones. Las estimaciones más pesimistas cifran el incremento medio de la temperatura de la Tierra entre 1º y 3'5ºC para mediados del siglo XXI.

El Protocolo de Kioto (1997), ratificado por España individualmente en un compromiso conjunto con la Unión Europea, obliga al conjunto de los países de la Unión a reducir las emisiones de los "gases invernadero" en un 8% en 2012 (tomando como referencia los niveles de emisión de 1990). Dentro del compromiso global de la UE, España estaba autorizada a incrementar sus emisiones en un 13%, cifra que en 2002 ya había sido superada con creces, cifrándose el incremento de emisiones en un 33% respecto a los niveles de 1990. La implantación de un sistema de comercialización de permisos de emisión, en el que las empresas más eficientes podrán vender derechos de emisión a las más contaminantes, se erige como un novedoso sistema llamado a premiar las conductas industriales respetuosas con el medio ambiente.

2.1.2. El agujero de la capa de ozono

En la estratosfera abunda el gas ozono (03), que, actuando como un filtro, disminuye la entrada de rayos ultravioletas a la corteza terrestre. Sin embargo, el incremento indiscriminado de CFC's durante las décadas de los 60, 70 y 80 han generado una disminución de este gas, incrementando la incidencia de los rayos UVA en la corteza terrestre.

Los efectos de los rayos UVA sobre la salud humana son de todos conocidos. Aumentan las lesiones oculares, las lesiones en la piel y los tumores, afectan al sistema inmunológico y a nivel del mantenimiento del equilibrio de los hábitats, afectan de forma notable a la función fotosintética de las plantas.

La Convención de Viena (22 de marzo de 1985) para la Protección de la Capa de Ozono, y sus dos protocolos de desarrollo (Montreal: 16/9/87 y Londres 29/6/90), perseguían la reducción drástica en la utilización de estos productos, que por entonces era el doble de lo que nuestra atmósfera puede soportar. Se estimó que primero era necesario reducir la producción a la mitad para, al final, llegar a nivel cero. Los objetivos del convenio son muy ambiciosos, ya que para el año 2005 se pretende llegar a un nivel cero de producción y consumo de CFC's. Buena parte de los Estados formularon reserva (España y 17 países más no van a hacer producción cero, con el fin de seguir fabricando productos sanitarios que lo exigen), aunque las mismas expiran en el 2005.

2.1.3. La lluvia ácida

Los gases emitidos por algunas industrias se mezclan con el vapor de agua de la atmósfera, formándose así sustancias ácidas. Los principales causantes de la acidificación son los compuestos de Azufre (SO_2) y los compuestos de Nitrógeno (NOx). La peculiaridad de la lluvia ácida es que sus efectos se trasladan a lugares diferentes de aquellos en los que se producen las emisiones de estos gases, ya que pueden recorrer grandes distancias y caer mediante precipitaciones en zonas muy alejadas de los focos de contaminación, por lo que la solución a los problemas de lluvia ácida comportan necesariamente compromisos a nivel internacional.

La lluvia ácida provoca:

- Corrosión en los edificios.

- Problemas en el aparato respiratorio.

- La acidificación del terreno.

- La muerte de especies forestales.

La Conferencia de Ginebra de 1979 sobre Contaminación Transfronteriza a larga distancia (contra la lluvia ácida), fue ratificada por España en 1982. Este Convenio, impulsado por Suecia y Canadá, trataba de luchar contra la contaminación transfronteriza a larga distancia producida por Dióxido de Azufre, si bien en el protocolo de Sofía se incorporaron al mismo los óxidos de Nitrógeno.

Para tratar este problema, el convenio establecía dos fases:

- Una primera trataba de frenar la contaminación estabilizando las emisiones al nivel de 1987.

- La segunda fase implicaba comenzar negociaciones en 1996, pero hasta que no se consiguiese el primer objetivo no se pasaría al segundo.

Para lograr una cooperación internacional es necesario ejercer unas funciones de control y vigilancia de la contaminación. Para esto, el Convenio crea la Red de Vigilancia de la Contaminación Transfronteriza a Gran Distancia, de la que España forma parte con cuatro estaciones, a las que hay que sumar las de Contaminación Atmosférica de Fondo, en Tenerife, y la de Corrosión Atmosférica de San Pablo, que forman parte de otros programas internacionales.

Nuestro marco legal trata estos y otros problemas relativos a la contaminación atmosférica a través de la *Ley 38/72 de Contaminación Atmosférica*. Fueron novedades básicas de la misma, la orden de crear un Catálogo de actividades potencialmente contaminantes para la atmósfera y la creación de una Red

Nacional para la Prevención de la Contaminación, que funciona por medio de estaciones medidoras fijas y móviles, coordinadas a través de centros meteorológicos.

Estas redes de vigilancia y calidad de la contaminación atmosférica también funcionan gestionadas por las Comunidades Autónomas y por municipios con más de 50.000 habitantes, con competencias ambientales. En este contexto cabe citar la decisión del *Consejo* 97/101/CE, de 27 de enero de 1997, por la que se establece un intercambio recíproco de información y datos de las redes y estaciones aisladas de medición de la contaminación atmosférica en los Estados miembros.

2.2. La contaminación del agua

Además de las fuentes indirectas de contaminación del agua, provocadas por las precipitaciones atmosféricas, existe un conjunto de contaminantes específicos:

- Dentro del agua viven multitud de microorganismos, algunos de ellos patógenos, que proceden de vertidos de origen ganadero.

- La materia orgánica presente en el agua procede, precisamente, de la disminución de la cantidad de Oxígeno presente en ella. Esto, junto a los residuos vegetales, papeles, detergentes y residuos orgánicos, provoca la eutrofización del agua.

- Las sustancias que vierte la industria, especialmente las que contienen metales pesados, son de difícil eliminación, por lo que quedan acumuladas en el interior de los organismos, causando en el ecosistema problemas de tipo orgánico, que pueden derivar en la muerte de las especies.

La gestión del agua en España se caracteriza por un peculiar enfoque geográfico que, teniendo su origen en los principios del siglo XX, enfoca la administración del patrimonio hídrico por cuencas hidrográficas.

En caso de que un río discurra por varias Comunidades Autónomas, la gestión corresponderá a una confederación hidrográfica intercomunitaria, dependiente del Ministerio de Medio Ambiente, mientras que si el río discurre por el territorio de una sola Comunidad Autónoma, la confederación hidrográfica dependerá del departamento de la Comunidad Autónoma correspondiente.

No obstante, la regulación del agua como bien público es una materia legislativa básica, que queda regulada en todo el territorio español por el *Real Decreto Legislativo 1/2001*, por el que se aprueba el texto refundido de la *Ley de Aguas*.

La función de las confederaciones hidrográficas u organismos de cuenca es crucial en:

- La concesión de autorizaciones de vertido.
- La estimación de la demanda de agua en un territorio determinado.
- La elaboración del Plan hidrológico de cuenca, documento fundamental que establece las actuaciones necesarias para asegurar el abastecimiento de la población y el mantenimiento de los parámetros de calidad establecidos en diferentes directivas comunitarias, transpuestas al derecho nacional a través de la antigua *Ley de Aguas* y del reciente *Real Decreto Legislativo 1/2001*, que recoge el texto refundido de la *Ley de Aguas*.

En el ámbito municipal, las entidades locales son responsables de garantizar el abastecimiento de agua y la depuración de aguas residuales, a tenor de lo establecido en el artículo 26 de la *Ley Reguladora de las Bases del Régimen Local* y el texto refundido de la *Ley de Aguas*.

Estas funciones son normalmente delegadas a empresas suministradoras, a través de concesiones administrativas. Es en este nivel donde debemos situar a las Pymes y los hogares. Ambos, como consumidores de agua, deben hacer frente al principio de "*quien contamina paga*", mediante una tasa y un canon dedicados a la recuperación de la calidad del agua: el canon de saneamiento y la tasa de depuración.

2.2.1. El canon de saneamiento

Establecido por algunas Comunidades Autónomas, el canon de saneamiento es uno de los primeros instrumentos fiscales que ha puesto en práctica el principio de contaminador-pagador a nivel autonómico.

En la gestión en baja, es decir, en el sistema de subcontratas de las empresas suministradoras de aguas, el canon no se impone directamente a particulares, sino a estas entidades suministradoras de agua a nivel municipal, que actúan como sujetos pasivos sustitutos del contribuyente en el pago del canon.

No obstante, las entidades suministradoras repercuten el canon a los consumidores en cada recibo del agua, y para facturarlo, adoptan como estimador el consumo de agua; es decir, se considera proporcional el consumo de agua a la contaminación producida, de forma que cuanta más agua se consuma, mayor será la cantidad que se deba pagar por el canon de saneamiento.

2.2.2. La tasa de depuración

Impuesta por algunos ayuntamientos, estaba destinada directamente a costear los gastos de las estaciones E.D.A.R. (Estaciones de Depuración de aguas residuales). La directiva europea *91/271/EC* obliga a España a que las aguas residuales cumplan ciertos parámetros de calidad antes de que sean devueltas a sus cauces originales o vertidas al mar o a lagos. Además, en zonas con gran escasez de agua, esta agua recuperada podría ser utilizada para ciertos usos, como los industriales y agrícolas. Las estaciones E.D.A.R., aunque construidas con importantes aportaciones del Fondo de Cohesión de la Unión Europea, son ahora responsabilidad de cada entidad local.

Así pues, a mayor cantidad de agua consumida, mayor será la carga impositiva que el consumidor haya de pagar para hacer frente a la contaminación. Para hacernos una idea, en una ciudad media del norte de España, de 80.000 habitantes, se consumen 850 litros de agua por segundo, y cada habitante consume 126 litros de agua al día.

2.3. Suelos contaminados

El suelo contaminado es aquel cuya calidad se ha visto alterada por el vertido directo, la filtración o la absorción de residuos tóxicos y peligrosos. Dos son las principales fuentes de contaminación del suelo:

- **La agricultura:**

  Los compuestos utilizados en la agricultura intensiva dejan en el sustrato importantes cantidades de metales pesados y sustancias químicas, procedentes de la utilización de insecticidas, herbicidas y fungicidas, cuyos efectos beneficiosos para el cultivo repercuten negativamente en la desaparición de los organismos beneficiosos para el mantenimiento de la capacidad de cultivo de las tierras, que acaban convirtiéndose en terrenos estériles.

No menos peligrosos son los fertilizantes, ricos en nitratos de fácil absorción por los cultivos, pero también por masas de agua cercanas; provocan severos problemas de contaminación del suelo y de las aguas.

El tratamiento de la contaminación agrícola es muy problemático. Desde la Unión Europea y el Ministerio de Medio Ambiente se están adoptando medidas para limitar el uso de las mencionadas sustancias en agricultura, de especial importancia en nuestro país, donde la contaminación del suelo se combina con otros problemas, como la desertización derivada de nuestras peculiaridades climáticas.

- **La industria:**

  Las industrias han descuidado tradicionalmente la atención hacia los terrenos en los que se asientan, de forma que las filtraciones de sustancias como aceites o metales pesados, han sido siempre frecuentes.

  En la actualidad, la contaminación de suelos industriales es un hecho declarable en el Registro de la Propiedad cuando el terreno se vende, permuta o alquila.

3 Los residuos

Un residuo es cualquier sustancia u objeto del que su poseedor se desprenda o tenga intención de desprenderse. Técnica y legalmente, un residuo no se considerará como tal cuando ese objeto o sustancia se destine a un uso directo en un proceso posterior, como sustitutivo de una materia prima, sin necesidad de someterse a un proceso de valorización, o bien si se recicla. Hasta que eso suceda, la sustancia u objeto tendrá la consideración de residual.

3.1. Residuos Sólidos Urbanos

Se consideran residuos sólidos urbanos los que son resultado del consumo ordinario en los domicilios particulares, comercios, oficinas y servicios; así como todos aquellos que no tengan la consideración de peligrosos y que por su naturaleza puedan asimilarse a los anteriores, como los residuos procedentes de la limpieza de vías públicas, los muebles, residuos y escombros de obras menores o vehículos abandonados. Así los define la *Ley 10/1998*, de Residuos.

El tratamiento de este tipo de residuos está muy relacionado con el tratamiento de los residuos de envases, al que contribuyen envasadores y productores mediante el pago de una pequeña tasa a los sistemas integrados de gestión.

EL otro eje de tratamiento de estos residuos estriba en la **política de las tres R's** (reciclaje, reducción, reutilización), en la que se inspira el **Plan Nacional de Residuos**, mediante el cual nuestras autoridades pretenden realizar una separación de los envases y demás RSU's por materiales, esto es, el compromiso de realizar una recogida selectiva en los contenedores ubicados en las vías urbanas.

El Plan Nacional de Residuos ha adoptado una homogeneización de los colores de los contenedores destinados a cada tipo de residuos.

- Los contenedores azules se dedicarán a papel y cartón.

- Los contenedores amarillos están destinados a envases ligeros (acero, aluminio, plástico y bricks).
- Los contenedores verdes se destinan a la basura orgánica.
- Los contenedores verdes con forma de iglú se destinarán a la recogida de vidrio.

Los productores o poseedores de RSU que, por sus características, puedan producir trastornos en el transporte, recogida, revalorización o eliminación (por ejemplo, escombros), estarán obligados a proporcionar a las entidades locales una información detallada sobre su origen, cantidad y características, y están obligados a depositarlos en la forma y lugar adecuado.

Por último, los Municipios de más de 5.000 habitantes están obligados a implantar sistemas de recogida selectiva de residuos que posibiliten su reciclaje y otras formas de valorización.

Los resultados de estos esfuerzos son fácilmente palpables: la tasa de reutilización del papel y el cartón en España en 2003 es del 81%, y la de reciclaje del 65% (Ministerio de Medio Ambiente, *Informe de Coyuntura*, Noviembre 2003), frente a cifras que apenas alcanzaban el 45% en 1999.

Buena parte de los RSU se reciclan, mientras que los residuos orgánicos se dedican a la producción de compost (abono natural) o se incineran para la obtención de energía.

3.2. Residuos Tóxicos y Peligrosos

Son residuos tóxicos aquellos cuyas propiedades los hacen inflamables, irritantes, nocivos, tóxicos, cancerígenos, corrosivos o explosivos, así como los recipientes y envases que los hayan contenido, o los materiales y sustancias que hayan entrado en contacto con ellos.

Recogidos en la lista establecida por el *RD. 952/1997*, estos residuos deberán ser recogidos y tratados por un gestor autorizado.

Además, quien por su actividad produzca RTP's, está obligado por los siguientes requerimientos, que garantizan su propia seguridad y la del resto de la población circundante:

- Separar adecuadamente y no mezclar los residuos peligrosos, evitando mezclas que supongan un aumento de la peligrosidad o dificulten su gestión. Los productores pueden almacenar sus residuos hasta un máximo de 6 meses, aunque siempre bajo la obligación de envasarlos y etiquetarlos debidamente.

  Tienen que evitarse las generaciones de calor, explosiones, igniciones o formación de sustancias tóxicas.

  Las etiquetas deben ser, como mínimo, de 10x10, indicando el nombre y dirección del productor, la fecha del envasado, y la naturaleza de los riesgos que implica el residuo (explosivo, carburante, inflamable, tóxico, nocivo, irritante o corrosivo).

- Los productores deben llevar un registro de los RTP's producidos y del destino de los mismos. En el registro debe constar la naturaleza, cantidad, origen, lugares de tratamiento, etc., así como las fechas de cesión del RTP. Los documentos de control y seguimiento de RTP's deben conservarse al menos durante 5 años.

- También pensando en el control de los residuos, la Ley establece que los productores deben suministrar a las empresas autorizadas a la gestión de residuos, la información necesaria para su adecuado tratamiento y eliminación; así como también tienen la obligación de presentar un informe anual a la Administración pública competente, en el que deben especificar se la cantidad y la naturaleza de los RTP's producidos, su origen, los RTP's que tienen almacenados temporalmente, y las incidencias ocurridas en el año inmediatamente anterior.

- Por último, el productor que se proponga ceder recursos a un gestor, deberá comunicarlo con 10 días de antelación ("notificación de traslado") al órgano competente de la Comunidad Autónoma.

4 El ruido como forma de contaminación

La contaminación acústica implica la presencia en el ambiente de ruidos o vibraciones, cualquiera que sea el emisor acústico que los origine, que impliquen molestia, riesgo o daño para las personas, para el desarrollo de sus actividades y para bienes de cualquier naturaleza, incluso cuando su efecto sea perturbar el disfrute de los sonidos de origen natural, o que causen efectos significativos sobre el medio ambiente.

Como en la mayoría de la legislación medioambiental, la regulación del ruido o contaminación acústica corresponde a los tres niveles básicos de gobierno: el nivel central o estatal, el nivel autonómico y el nivel local.

En el caso gallego, el grueso de las obligaciones referentes a la contaminación acústica emana de la legislación autonómica, si bien la *Directiva de la Unión Europea 2002/49/EC* está llamada a reformar la protección medioambiental contra la contaminación acústica en todo el territorio nacional, afectando también a la legislación autonómica.

Y es que la legislación nacional que protege contra la contaminación acústica está, en la actualidad, integrada en la *Ley de Protección del Medio Ambiente Atmosférico*, que supedita la protección contra el ruido a dos tipos de acciones:

- Las autorizaciones municipales para la realización de actividades molestas, insalubres y peligrosas.

- La diversa normativa que controla la emisión de ruidos en una variedad de maquinarias y motores.

Sin embargo, las Comunidades Autónomas pueden legislar en materia de medio ambiente, siempre que dicha normativa respete el contenido básico de la legislación estatal y los parámetros de protección establecidos por ésta, pudiendo superarlos. Sobre la legislación autonómica, los Ayuntamientos pueden establecer Ordenanzas que regulen prohibiciones sobre la producción de ruidos, correspondiendo a los Ayuntamientos la realización de inspecciones e imposición de sanciones en caso de incumplimiento. De hecho, la presión social en el tema de ruidos, un tema que genera una sensibilización social creciente, recae en los Ayuntamientos.

El Anteproyecto de la *Ley del Ruido* está llamado a establecer niveles de calidad acústica según las áreas acústicas en las que se ubique el emisor del ruido, y ésta es probablemente su principal novedad.

Sin duda, la creciente presión demográfica en las ciudades y los procesos de industrialización, han provocado un incremento del nivel de contaminación acústica. Así, el tráfico produce una emisión de 60 decibelios, el ferrocarril una emisión de 90 decibelios, y una moto a gran velocidad produce una emisión de 110 decibelios, rayando en los niveles médicos que generan trastornos auditivos y estrés.

5 Biodiversidad, deforestación y desertización en España

La protección de espacios naturales como medio para preservar los valores naturales, es una técnica que cuenta ya con cierta tradición en todo el mundo, y también en España. El primer espacio protegido fue el famoso parque Yellowstone, en EEUU, a finales del siglo XIX. Esta corriente no llegó a España hasta principios del siglo XX, con la declaración de los Parques Nacionales de Picos de Europa y de Ordesa.

Mucho es lo que ha cambiado la técnica y la mentalidad en materia de espacios protegidos. Se ha pasado de una mera delimitación y protección más o menos pasiva de espacios naturales que quedaban a modo de islas o santuarios de biodiversidad, a una protección más dinámica, que busca relacionar y conectar los espacios protegidos entre sí, sustituyendo el tradicional enfoque de proteger y aislar porciones del territorio.

En toda Europa existe una sensibilidad general hacia la pérdida de especies y ecosistemas, afectados gravemente por la expansión de las áreas urbanas y la presión de la contaminación. La pérdida de este patrimonio biológico implicará la desaparición de un banco de información genética hasta ahora desconocida, y la eliminación del legado y patrimonio natural de generaciones venideras.

Por ello, la Unión Europea ha lanzado un programa de identificación de áreas de interés comunitario, por razón de las peculiaridades de su flora o fauna, que serán legalmente protegidas por cada Estado miembro, pasando a formar parte de la Red Natura 2000.

En España, los *Planes de Ordenación de Recursos Naturales* permiten compaginar dicha protección con el desarrollo de actividades económicas en estas áreas, sin amenazar la protección de su flora y su fauna. Así lo establece la *Ley de Protección de Espacios Naturales* de 1989.

En nuestro país, la amenaza de espacios de especial interés ecológico se agrava con los fenómenos de **deforestación** y desertificación. El incremento de la población urbana y la construcción de carreteras y autopistas, junto con los incendios, están haciendo desaparecer buena parte de nuestra masa arbórea, que, como es sabido, actúa como "sumidero" del CO_2, fertiliza el suelo, y evita su erosión. Así, los incendios en España destruyeron más de 432.000 hectáreas de masa arbórea en 1994.

Por otra parte, la disminución de masa arbórea, junto con el descenso de precipitaciones en nuestro país, está contribuyendo decisivamente a la desertificación. Éste es un ejemplo de la interconexión entre problemas medioambientales: problemas como el efecto invernadero incrementan la temperatura media del planeta, lo que influye en las precipitaciones, que a su vez implican la disminución del caudal de los ríos, lo que, junto a la presión ejercida por la población urbana, tanto en la masa arbórea como en el uso del agua, contribuye a que, poco a poco, nuestro país se desertifique.

6 La ciudad: nuestro medio

La mayoría de los seres humanos nos agrupamos para vivir en ciudades. El hecho de juntarse tanta gente en tan poco espacio genera una serie de consecuencias en la conservación del medio ambiente:

- Contaminación acústica.
- Contaminación del aire.
- Contaminación de las aguas, debido a vertidos.
- Generación de grandes cantidades de residuos.
- Excesivo consumo de energía.
- Deforestación para construir polígonos industriales o nuevas zonas residenciales.
- Etc.

Es importante que todos nos concienciemos de la importancia de respetar y cuidar el medio ambiente, porque cada uno de nosotros puede aportar su granito de arena para mejorar la conservación del medio. Para ello, podemos empezar por llevar acabo las recomendaciones propuestas en el código de buenas prácticas ambientales que se expone en el apartado 9.

7 ¿Quién ordena el medio ambiente?

7.1. La actuación de las Administraciones Públicas

La protección jurídica y legal del medio ambiente se deriva de nuestra propia Constitución, que en su artículo 45 establece que:

"(....) todos tienen el derecho a disfrutar de un medio ambiente adecuado para el desarrollo de la persona, así como el deber de conservarlo. (...) Los poderes públicos velarán por la utilización racional de todos los recursos naturales, con el fin de proteger y mejorar la calidad de vida y defender y restaurar el medio ambiente, apoyándose en la indispensable solidaridad colectiva".

La Constitución establece también las labores legislativas y de gestión que corresponden a cada nivel de gobierno. El entramado legal y administrativo que rige la protección del Medio Ambiente se asemeja a una cascada en la que el nivel superior vierte una serie de normas y requisitos que el nivel inferior está obligado a respetar, aunque pueda añadir nuevas aportaciones atendiendo a necesidades específicas. Veamos cómo se distribuyen esas responsabilidades.

7.2. Los Tratados Internacionales

El Medio Ambiente tiene un carácter internacional, puesto que la contaminación no tiene fronteras. Por otra parte, los grandes problemas de contaminación y de agotamiento de recursos naturales sobrepasan la capacidad de actuación de un Estado.

Por ello, los Estados se reúnen en foros internacionales para firmar acuerdos, convenios o tratados que se comprometen a respetar. Algunos de los más relevantes son:

- **La Conferencia Mundial sobre Medio Ambiente y Desarrollo**:

  Celebrada en Río de Janeiro en 1992, de esta conferencia se derivaron varios compromisos importantes, el más relevante de los cuales es la

Declaración de Río. Dicha Declaración constituye un reconocimiento formal del derecho de las generaciones futuras a disfrutar de un medio ambiente adecuado, y por tanto, de las obligaciones presentes de los Estados de proteger el Medio Ambiente.

- **El Convenio sobre Diversidad Biológica:**

  Derivado también de la Cumbre de Río, constituye un acuerdo vinculante para los países firmantes, cuyo objetivo es la conservación máxima de la biodiversidad en beneficio de generaciones futuras.

  Estos acuerdos internacionales, que no son más que ejemplos de un amplio abanico de compromisos internacionales, generan obligaciones a nivel nacional desde el mismo momento en que España los ratifica, esto es, pasan a formar parte de nuestro Derecho.

7.3. La Unión Europea

Desde que entró en vigor el Acta Única Europea, en 1987, la protección del Medio Ambiente pasó a formar parte de los objetivos de la entonces Comunidad Europea. Sin embargo, las actuaciones de la Unión Europea en materia de medio ambiente se iniciaron mucho antes, a principios de los años 70.

Las normas que la Unión Europea dicta en materia de medio ambiente, constituyen el mínimo común denominador que todos los Estados Miembros han de cumplir para proteger el medio ambiente, en cualquiera de sus sectores específicos. Por las características de las normas que rigen la protección del medio ambiente en la UE (en su mayoría son directivas), los Estados tienen que llegar a los mismos niveles de protección y objetivos, pero pueden hacerlo de diferentes formas. Así mismo, los Estados son libres de imponer, dentro de su propio territorio, mayores niveles de protección de los exigidos en las normas europeas.

Además de normas legales, la Unión Europea elabora programas de actuación y dispone de instrumentos específicos de financiación de actuaciones medioambientales. Los Programas de Acción Medioambiental que la UE publica cada 5 ó 6 años, son la guía que establece los objetivos medioambientales que la Unión perseguirá a través de su legislación. Las actuaciones que la UE establezca pueden ser, en su caso, objeto de subvención a través del Fondo de Cohesión, o de fondos destinados a actuaciones específicas, como el Instrumento *Life*.

7.4. La actuación del Estado

El amplio grado de descentralización del poder público en España obliga a distinguir cuidadosamente cuál es el ámbito de actuación del Estado, las Comunidades Autónomas y los Ayuntamientos, en materia de medio ambiente.

En el caso del Estado, el organismo público más importante es el Ministerio de Medio Ambiente, creado en 1996. Entre las labores del Ministerio, tareas atribuidas al Estado por el artículo *149.1.23º* de la Constitución, destacan:

- La elaboración de la legislación "básica" en materia medioambiental, entendiendo por básica la normativa que se considera indispensable para la protección del medio ambiente, y la incorporación de la normativa europea al contexto nacional.

- La coordinación de las actuaciones de las Comunidades Autónomas.

- La elaboración y seguimiento de los Planes Nacionales de Protección Medioambiental, como el Plan de Residuos, de Suelos Contaminados o el Plan Hidrológico Nacional.

- El seguimiento del cumplimiento de los Convenios Internacionales.

7.5. La actuación de las Comunidades Autónomas

Las Comunidades Autónomas y sus Consejerías de Medio Ambiente son las Administraciones Públicas más cercanas al entorno próximo en el que se ha de aplicar la legislación. Por ello la Constitución, en su artículo *148. 1.* 9º, encomienda a las Comunidades Autónomas la ejecución de la legislación medioambiental estatal y su ampliación o adaptación al entorno autonómico, así como la coordinación y gestión ambiental en su ámbito de actuación.

Por ello, cada Comunidad Autónoma podrá dictar sus propias normas medioambientales, siempre que respeten la legislación básica estatal. Así mismo, podrán adaptar sus procedimientos administrativos (autorizaciones, licencias, etc.) en función de la problemática ambiental que deban tratar en su territorio.

Además, las Comunidades Autónomas tienen la responsabilidad de declarar y gestionar espacios naturales protegidos, y de revisar y aprobar los planes urbanísticos municipales.

7.6. La responsabilidad de las entidades locales

Los problemas más cotidianos de protección medioambiental recaen en el ámbito de responsabilidad de Ayuntamientos y Áreas Metropolitanas. Estas responsabilidades tienen como punto de partida el Art. 25 de la *Ley Reguladora de las Bases del Régimen Local*, y los Ayuntamientos suelen ejercerlas mediante Ordenanzas Municipales. Estas responsabilidades incluyen:

- Servicios de limpieza viaria.
- Recogida y tratamiento de residuos.
- Abastecimiento y depuración de aguas.
- Control de ruidos.
- Protección civil y extinción de incendios.
- Planificación de usos del suelo.

8 La respuesta de la sociedad

8.1. O.N.G. y el movimiento ecologista

En gran medida, la respuesta a los problemas medioambientales corresponde al legislador y al Gobierno.

Sin embargo, el cumplimiento de la legislación y la correcta implementación de los planes y programas públicos ha tenido su origen, en buena media, en las organizaciones no gubernamentales (ONG's) medioambientales, y depende de su vigilancia y de la cooperación del sector empresarial en la fase de implementación y cumplimiento de la legislación.

Las **Organizaciones No Gubernamentales** de carácter medioambiental surgieron a finales de los años 60, al calor de la emergencia del ecologismo como respuesta a los manifiestos problemas medioambientales de la época. Los postulados del ecologismo evolucionaron, no obstante, hacia enfoques más moderados, cercanos a los principios del desarrollo sostenible.

En la actualidad, las ONG's promueven campañas de sensibilización política en todos los niveles de gobierno. Es especialmente relevante su papel ante la Unión Europea, ya que las ONG's se han convertido en fuente de información sobre los problemas medioambientales en los Estados de la Unión, así como en auténticos vigilantes del correcto cumplimiento de las obligaciones medioambientales que la UE impone a los Estados miembros.

Entre las principales asociaciones ecologistas, podemos nombrar *a Greenpeace, WWF (World Wild Fund)*, y a nivel nacional, *Ecologistas en Acción.*

8.2. La respuesta empresarial

Las **empresas** son cada vez más conscientes de que "lo verde vende". Por ello, más allá de ceñirse al estricto cumplimiento de la legislación, cada vez es mayor el número de empresas que adoptan instrumentos voluntarios de protección medioambiental:

- **Los certificados de calidad medioambiental:**

  Implican la adopción de una política empresarial de compromiso estricto con la protección del medio ambiente, a través del establecimiento de objetivos medioambientales que serán revisados y endurecidos con una determinada periodicidad. Entre los más conocidos cabe citar ISO 14001 o EMAS (*Environmental Management and Auditing Scheme*), siendo este último, el certificado de calidad medioambiental de la UE.

- **Las Etiquetas Ecológicas:**

  Permiten a los fabricantes e importadores informar a los clientes y consumidores de que sus productos son medioambientalmente más correctos que otros de similares características funcionales. Entre ellas, podemos citar la Etiqueta Ecológica de la UE, o la Etiqueta AENOR de Gestión Medioambiental.

El tejido empresarial es cada vez más consciente de los **beneficios** asociados a una gestión empresarial que tenga en cuenta la protección del Medio Ambiente. Una empresa cuidadosa con el Medio Ambiente:

- Mejora la eficacia en el uso de recursos naturales, y con ello los costes de producción.
- Evita costes legales.
- Transmite una imagen de eficacia.
- Gana el acceso a sectores de mercado más exigentes.
- Mejora su imagen externa y su relación con la sociedad.

8.3. Los medios de comunicación

Los medios de comunicación tienen mucha influencia en la sociedad actual, por lo que es una vía muy eficaz para transmitir valores medioambientales.

En los últimos años se están llevando a cabo campañas de concienciación para respetar el medio desde el Ministerio de Medio Ambiente y algunas organizaciones. Por ejemplo, la campaña contra el fuego, para prevenir los incendios forestales.

Últimamente, incluso algunas empresas al anunciarse en los medios de comunicación se jactan de que sus productos respetan el medio, son biodegradables, etc. Todo esto ayuda a formar en la mente de las personas que la conservación del medio es un valor positivo.

8.4. El papel de la escuela

El niño debe adquirir los valores de respeto a la naturaleza desde pequeño. El papel de la escuela es fundamental en esta transmisión de valores. En la última década se empezó a proponer la implantación de una asignatura sobre medio ambiente para que los niños tomen conciencia de lo importante que es cuidar el medio en el que vivimos, y así adopten conductas y actitudes que dañen lo menos posible la naturaleza.

En la escuela se debería fomentar que el alumno:

- Valore la relación histórica entre el hombre y el medio ambiente.
- Conozca los problemas medioambientales de la actualidad y analice sus implicaciones.
- Conozca los conceptos básicos de la Educación Ambiental.
- Conozca y valore los grandes problemas ambientales de la actualidad desde diferentes perspectivas.
- Conozca que hábitos del día a día ayudan a conservar el medio ambiente, por ejemplo el reciclaje del vidrio, el cartón, etc.

8.5. El hogar: el lugar donde vivimos. La aportación individual

Todos podemos y debemos contribuir al cuidado del medio, siendo conscientes de la importancia que esto tiene para su conservación. Basta adoptar una serie de hábitos en nuestra vida diaria para conseguir esto; algunos de ellos se incluyen en el código de buenas prácticas del apartado 9, otros se presentan a continuación:

- Separar la basura que generamos en casa para su posterior reciclaje.
- No dejar luces encendidas cuando no estamos en una habitación.
- No utilizar el coche particular en trayectos cortos.
- etc.

La estrecha relación legal entre la *Ley de Residuos* y la *Ley de Envases* es también una relación operativa que se refleja, en gestión, en la inclusión del *Programa Nacional de Envases y Residuos de Envases* en el *Plan Nacional de Residuos Urbanos 2000-2006*. El objetivo del Programa es conseguir el reciclaje de al menos el 25% del peso de los envases producidos y valorizar al menos el 50% de dicho peso.

Para ello, el *Programa Nacional de Envases y Residuos de Envases* prevé la instalación de contenedores de envases ligeros (metálicos, compuestos y plásticos), de papel-cartón y de vidrio, y la recuperación, reciclaje y recuperación de dichos envases a través de **sistemas integrados de gestión**.

Un **sistema integrado de gestión** es una sociedad sin ánimo de lucro, donde participan los sectores interesados, desde fabricantes de materias primas, hasta recuperadores y recicladores, comercio y distribución, etc.

La Ley no permite que intervengan en su constitución ni los consumidores y usuarios ni las Administraciones Públicas. Su finalidad es la recogida periódica de envases usados y residuos de envases en el domicilio de los consumidores o en sus proximidades, para su posterior y correcta gestión, de acuerdo a las normas establecidas en la ley. En España en estos momentos existen dos SIG: ECO-EMBALAJES ESPAÑA S.A. y ECOVIDRIO.

Los Sistemas Integrados de Gestión se basan en la colaboración del ciudadano para realizar una separación de los envases por materiales, esto es, en el compromiso de realizar una recogida selectiva en los contenedores ubicados en las vías urbanas. El Plan Nacional de Residuos ha adoptado una homogeneización de los colores de los contenedores destinados a cada tipo de residuos.

- Los contenedores azules se dedicarán a papel y cartón.
- Los contenedores amarillos están destinados a envases ligeros (acero, aluminio, plástico y bricks), es decir: botellas de plástico que hayan contenido alimentos, botellas de plástico de productos de aseo y limpieza, latas de conserva y refresco, bricks de todo tipo, papel de aluminio, bandejas de porespan, redecillas de envoltorios, bolsas de plástico.
- Los contenedores verdes se destinan a la basura orgánica, papel y cartón manchados de grasa, bombillas, espejos, loza rota, cintas de vídeo y audio, disquetes y CD's, bolígrafos, juguetes de plástico, etc.
- Los contenedores verdes con forma de iglú se destinarán a la recogida de vidrio, pero sólo a botellas, tarros y frascos de vidrio.

8.6. El transporte individual

Para disminuir la contaminación atmosférica debemos utilizar más el transporte público y no realizar trayectos cortos en coche particular.

El 20% de las emisiones de CO^2 son causadas por el tráfico rodado. Para paliar los efectos de la contaminación del tráfico, las Directivas europeas 98/69/EC y 99/96/EC prevén medidas en la tecnología de los automóviles que reducirán considerablemente las emisiones de Dióxido de Carbono, Óxido de Nitrógeno y componentes volátiles orgánicos.

A efectos prácticos, desde el año 2005 la gasolina súper con plomo desaparecerá del mercado, y los coches sin catalizador no podrán circular. Más aún, la entrada en vigor de estas directivas obligará a la ITV a revisar el nivel de emisiones de nuestros coches cada 5 años o cada 80.000 km.

8.7. Centros educativos y de trabajo

En los centros tanto educativos como de trabajo, se debe facilitar la conservación del Medio Ambiente, poniendo a disposición de los alumnos y trabajadores todos los medios que contribuyan a disminuir la contaminación.

Por ejemplo:

- Contenedores para recoger pilas.
- Contenedores especiales para desechar el papel y el cartón.
- Luces con temporizador, para que no queden encendidas.
- Etc.

9 Buenas prácticas medioambientales

La reducción de los daños al Medio Ambiente puede acometerse desde dos aproximaciones:

- Una es desde la pura y dura reglamentación, la perspectiva conocida como "*command and control*" (dirección y control). Esta perspectiva impone a cualquier actor económico límites y obligaciones homogéneas, y por ello, su efectividad es limitada: económicamente, se llega a un punto en el que la mejora ambiental tiene un coste social marginal superior al beneficio social que se obtiene.

- La otra perspectiva estriba en el convencimiento de que la protección del Medio Ambiente no es sólo una obligación, sino una responsabilidad común derivada del peligro real de deterioro medioambiental y el agotamiento de los recursos naturales.

Hemos señalado anteriormente que la presión ejercida por el estilo de vida urbana incrementa este peligro. Año tras año la población urbana se incrementa, de forma que se prevé que en el año 2025 el 80% de la población viva en las ciudades. Esta concentración humana se traduce inevitablemente en un aumento de las demandas de energía o agua, un incremento en la producción de residuos de todo tipo, un crecimiento geométrico del ruido y el agravamiento de los problemas relacionados con la conservación de espacios verdes.

Podemos ofrecer algunos datos ilustrativos:

- El 20% de las emisiones de CO_2 producidas por combustibles fósiles proceden del uso de los coches, al igual que el 34% de las emisiones de NOx, gases responsables del efecto invernadero y de la lluvia ácida.

- El 40% de la energía del hogar se dedica a la calefacción, responsable de la emisión de 1000 millones de toneladas de CO_2.

- Se necesitan 2.500 litros de agua a la semana para mantener 1.000 m^2 de césped.

- Una ciudad de 8.000 habitantes en el norte de España, consume 850 litros de agua por segundo, y cada habitante consume 126 litros de agua al día.

Para contribuir individualmente a la mejora de las condiciones medioambientales de nuestro entorno, desde nuestro hogar o desde nuestro centro de trabajo, podemos aplicar un **Código de Buenas Prácticas Medioambientales**.

Los Códigos de Buenas Prácticas son una herramienta que permite identificar actitudes y comportamientos respetuosos con el medio ambiente a través de una sencilla batería de preguntas de auto-comprobación:

1. ¿Existen normas específicas sobre Medio Ambiente aplicables a nuestra actividad laboral o a nuestro hogar? ¿Cuáles son?

2. ¿Qué problemas medioambientales tratan de evitar? ¿Afectan a:

    - El consumo de energía?

    - El consumo de agua?

    - El consumo de otras materias primas?

    - La producción de residuos?

    - El impacto en el paisaje?

    - La generación de ruido?

3. Al margen de la legislación, ¿cómo podemos contribuir a prevenir, corregir o evitar esos impactos medioambientales negativos?

A continuación, podemos apuntar algunas buenas prácticas medioambientales de elemental aplicación en centros de trabajo o viviendas particulares:

- **Uso de la energía:**
  - Aislar puertas y ventanas para evitar escapes térmicos.
  - Minimizar el uso de agua caliente.
  - Instalar temporizadores o células fotoeléctricas para regular la iluminación.
  - Usar termostatos en las calefacciones.
  - Usar bombillas de alta eficiencia energética.
- **Uso del agua:**
  - Instalar sistemas de ahorro en los grifos y cisternas, como, por ejemplo, las griferías monomando.
  - No dejar los grifos abiertos innecesariamente.
  - Comprar electrodomésticos con función eco-ahorro (esto es, que permitan la utilización del aparato a media carga con menos agua).
  - Planificar racionalmente la ornamentación de los jardines, adecuando las especies al clima de la zona.
- **Producción de residuos:**
  - Optar siempre por la separación de residuos, incluso en casa, separando papel, vidrio y plásticos de los residuos orgánicos.
  - Evitar la mezcla de residuos peligrosos, tales como las pilas o tubos fluorescentes, con le resto de los residuos.
  - Optar por la reutilización de papel, envases y embalajes en la medida en que sea posible.
  - Reciclar los cartuchos de toner de impresoras y fotocopiadoras.
  - Usar detergentes sin fosfatos ni blanqueadores.

    - Evitar el uso de aerosoles.
    - Adquirir productos sin excesivo envoltorio.
- **Uso del transporte:**
    - Optar, siempre que sea posible, por el uso de transporte público o el uso compartido del vehículo privado.
    - Optar, siempre que sea posible, por vehículos de bajo consumo.
    - Mantener a punto el coche, para maximizar su consumo y eficiencia y, con ello, disminuir las emisiones.
    - No abusar del aire acondicionado.
    - En negocios, planificar la distribución y recepción de mercancías, para evitar viajes innecesarios.

10 Propuestas prácticas a los contenidos

Con el siguiente ejercicio pretendemos que apliques la elaboración de una pequeño manual de buenas prácticas a dos casos cotidianos frecuentes, una oficina y tu propia casa.

Responde a las siguientes preguntas, aplicándolas a esos dos entornos.

10.1. Práctica 1

Descripción de la actividad y uso de recursos:

1. Relaciona los recursos materiales que utilizas:

    - Herramientas.
    - Materias primas.
    - Instalaciones.
    - Maquinaria, aparatos.

2. Piensa en los posibles impactos negativos o problemas medioambientales causados por la utilización de dichos materiales y herramientas.

    - Derroche de energía y agua.
    - Emisión de gases.

3. Propón alternativas que puedan ayudar a prevenir, corregir o evitar esos daños medioambientales.

10.2. Práctica 2

Producción de residuos:

1. Enumera los desechos derivados de la actividad que estás analizando, es decir, de la vida en tu casa o del trabajo en tu oficina.

    - Residuos orgánicos.

    - Residuos sólidos urbanos: papel, cartón, vidrio, envases plásticos.

    - Residuos peligrosos: pilas, tubos fluorescentes.

2. Piensa en alternativas que puedan ayudar a prevenir, corregir o evitar la producción de estos residuos.

10.3. Práctica 3

Ocupación del espacio:

1. Ubica tu hogar u oficina en el entorno de la ciudad, o en le entorno rural, si es el caso. Imagina el espacio antes y después de la ubicación de tu casa u oficina.

2. ¿Qué transformaciones han sido necesarias para la ubicación de tu casa u oficina, y para la prestación de los servicios de los que disfrutas? Piensa en la electricidad, calefacción, teléfono, aire acondicionado.

3. De estas transformaciones, ¿cuáles han sido estrictamente necesarias? y ¿cuáles podrían haberse evitado? ¿Ha provocado la construcción un importante impacto en el paisaje?

AUTOEVALUACIÓN

1. La idea de Desarrollo Sostenible se consolidó mediante:

a. La publicación del Informe Brutland.
b. El protocolo de Kioto.
c. La convención de Viena.

2. La lluvia ácida provoca:

a. Corrosión en los edificios y acidificación del terreno.
b. Problemas en el aparato respiratorio y la muerte de especies forestales.
c. Las respuestas anteriores son correctas.

3. El suelo contaminado es aquel cuya calidad se ha visto alterada por:

a. El vertido directo.
b. La filtración o la absorción de residuos tóxicos y peligrosos.
c. El vertido directo y/o la absorción de residuos tóxicos y peligrosos.

4. Los contenedores azules están destinados a:

a. Papel y cartón.
b. Envases ligeros.
c. Basura orgánica.

5. Se consideran residuos tóxicos y peligrosos todos aquellos que:

a. Sus propiedades los hacen inflamables, irritantes, nocivos, tóxicos, cancerígenos, corrosivos o explosivos.
b. Los recipientes o envases que contuviesen sustancias que, por sus propiedades, los hacen inflamables, irritantes, nocivos, tóxicos, cancerígenos, corrosivos o explosivos.
c. Sus propiedades los hacen inflamables, irritantes, nocivos, tóxicos, cancerígenos, corrosivos o explosivos, así como los recipientes y envases que los hayan contenido, o los materiales y sustancias que hayan entrado en contacto con ellos.

6. ¿A qué niveles básicos de gobierno corresponde la regulación del ruido o contaminación acústica?

a. Nivel central o estatal y autonómico.
b. Nivel central o estatal, autonómico y local.
c. Nivel autonómico y local.

7. ¿Quién ordena el Medio Ambiente?

a. Las Administraciones Públicas.
b. Los tratados internacionales, la Unión Europea, el Estado, las Comunidades Autónomas y las entidades locales.
c. Las Comunidades Autónomas y las entidades locales.

8. Las responsabilidades de los Ayuntamientos en materia medioambiental incluyen:

a. Servicios de limpieza viaria, control de ruidos y recogida y tratamiento de residuos.
b. Abastecimiento y depuración de aguas, protección civil y extinción de incendios, y planificación de usos del suelo.
c. Las respuestas a y b son correctas.

9. Minimizar el uso del agua corriente es una buena práctica medioambiental referente al:

a. Uso de energía.
b. Uso del agua.
c. Producción de residuos.

10. ¿Cuál de las siguientes buenas prácticas medioambientales, hace referencia a la producción de residuos?

a. No dejar lo grifos abiertos innecesariamente.
b. Evitar el uso de aerosoles.
c. Usar termostatos en las calefacciones.

Soluciones de la Autoevaluación "Sensibilización medioambiental" en la página 43.

RESUMEN

El Medio Ambiente es el ámbito físico de diversas acciones humanas. Dentro de esta definición extensiva podrían incluirse elementos puramente biológicos, como el agua, el aire, el suelo, la flora y la fauna; y otros de carácter más antropológico, pero no por ello menos importantes, como los elementos urbanísticos.

El Medio Ambiente ha de ser protegido, porque es necesario asegurar ciertas condiciones que impidan la sobre-explotación de algunos recursos, como el agua o ciertas materias primas, en pos del crecimiento económico. La supuesta tensión entre crecimiento económico y protección del medio ambiente se resuelve a través de la conocida idea del **desarrollo sostenible**.

Debido al ritmo al que el hombre vierte o acumula sustancias no aprovechables en la Naturaleza, se puede poner en peligro el delicado equilibrio de los ecosistemas. Se habla de contaminación cuando las sustancias ajenas que el hombre deposita en un medio natural pueden poner en peligro la salud humana, el ecosistema y los recursos naturales.

La contaminación atmosférica implica la presencia en el aire de formas de materias o formas de energía que impliquen un riesgo, daño o molestia grave para las personas, bienes y elementos de la Naturaleza de cualquier clase, tal y como establece el artículo 1.2. de la *Ley 38/1972 de Protección del Medio Ambiente Atmosférico.*

Buena parte de la energía solar que llega a la Tierra es absorbida por el suelo, que a su vez emite calor hacia el exterior. Este efecto, que permite que nuestro planeta se mantenga a una temperatura media de 15ºC, se convierte en pernicioso si, en su viaje hacia la atmósfera, ciertos gases impiden la salida del "calor sobrante", provocando el llamado "efecto invernadero": una acumulación de calor que implica el incremento de la temperatura media de la Tierra y un eventual cambio climático.

En la estratosfera abunda el gas ozono (03), que, actuando como un filtro, disminuye la entrada de rayos ultravioletas a la corteza terrestre. Sin embargo, el incremento indiscriminado de CFC's durante las décadas de los 60, 70 y 80 han generado una disminución de este gas, incrementando la incidencia de los rayos UVA en la corteza terrestre.

Los gases emitidos por algunas industrias se mezclan con el vapor de agua de la atmósfera, formándose así sustancias ácidas.

Para evitar la contaminación del agua y asegurar la disminución de la presencia de agentes contaminantes en ella, se establecen el canon de saneamiento y la tasa de depuración.

El suelo contaminado es aquel cuya calidad se ha visto alterada por el vertido directo, la filtración o la absorción de residuos tóxicos y peligrosos.

Se consideran residuos sólidos urbanos los que son resultado del consumo ordinario en los domicilios particulares, comercios, oficinas y servicios, así como todos aquellos que no tengan la consideración de peligrosos y que, por su naturaleza, puedan asimilarse a los anteriores, como los residuos procedentes de la limpieza de vías públicas, los muebles, residuos y escombros de obras menores o vehículos abandonados.

Son residuos tóxicos aquellos cuyas propiedades los hacen inflamables, irritantes, nocivos, tóxicos, cancerígenos, corrosivos o explosivos, así como los recipientes y envases que los hayan contenido, o los materiales y sustancias que hayan entrado en contacto con ellos.

La contaminación acústica implica la presencia en el ambiente de ruidos o vibraciones, cualquiera que sea el emisor acústico que los origine, que impliquen molestia, riesgo o daño para las personas, para el desarrollo de sus actividades y para bienes de cualquier naturaleza, incluso cuando su efecto sea perturbar el disfrute de los sonidos de origen natural, o que causen efectos significativos sobre el medio ambiente.

La Constitución establece también las labores legislativas y de gestión que corresponden a cada nivel de gobierno. El entramado legal y administrativo que rige la protección del Medio Ambiente se asemeja a una cascada en la que el nivel superior vierte una serie de normas y requisitos que el nivel inferior está obligado a respetar, aunque pueda añadir nuevas aportaciones, atendiendo a necesidades específicas.

Para contribuir individualmente a la mejora de las condiciones medioambientales de nuestro entorno, desde nuestro hogar o desde nuestro centro de trabajo, podemos aplicar un **Código de Buenas Prácticas Medioambientales**.

Un Código de Buenas Prácticas es una herramienta que permite identificar actitudes y comportamientos respetuosos con el Medio Ambiente, a través de una sencilla batería de preguntas de auto-comprobación.

EXAMEN

1. Cita 3 contaminantes específicos del agua.

2. La función de las confederaciones hidrográficas u organismos de cuenca es crucial en:

3. ¿Cuáles son las principales fuentes de contaminación del suelo?

4. Explica en que estriba la política de las tres R´s en la que se inspira el Plan Nacional de Residuos.

5. Comente la diferencia entre los términos Residuo y Residual.

6. ¿A qué requerimientos están obligados aquellos que por su actividad produzcan RTP´s?

7. Defina contaminación acústica.

8. ¿Pueden legislar las Comunidades Autónomas en materia de medioambiente?

9. Explica brevemente cuales podrían ser las causas de la desertificación en nuestro país.

10. Enumera 6 consecuencias negativas de la ciudad en la conservación del medio ambiente.

Cortar por la línea de puntos

11. La Conferencia Mundial sobre Medio Ambiente ¿en qué consistió?

12. Enumere las labores atribuidas al Ministerio de Medio Ambiente.

13. Nombra dos instrumentos voluntarios de protección medioambiental que adopten las empresas.

14. Enumere 5 características de una empresa cuidadosa con el Medio Ambiente.

15. ¿Qué valores debe fomentar la escuela respecto al Medio Ambiente?

16. ¿En qué consiste un Código de Buenas Prácticas Medioambientales?

17. Enumere 5 buenas prácticas medioambientales referentes al uso de energía.

18. Enumere 4 buenas prácticas medioambientales referentes al uso del agua.

19. Enumere 5 buenas prácticas medioambientales referentes al uso del transporte.

20. Enumere 7 buenas prácticas medioambientales referentes a la producción de residuos.

Cortar por la línea de puntos

SOLUCIONES A LA AUTOEVALUACIÓN

Autoevaluación: 1.a 2.c 3.c 4.a 5.c 6.b 7.b 8.c 9.a 10.b

Soluciones para el Profesor

Las soluciones al examen se pueden solicitar a través del formulario electrónico de la página web:

www.ideaspropiaseditorial.com

Bibliografía

- MINISTERIO DE MEDIO AMBIENTE. Publicaciones varias.